AF107538

www.ingramcontent.com/pod-product-compliance
Lightning Source LLC
LaVergne TN
LVHW010224070526
838199LV00062B/4724
*9789778580921*

**2021**

سلسلة شعرية
ديوان شعر

دار الرُّبىٰ للنشر والتوزيع

12ش عثمان شاهين، الجيزة

تليفون: 01558342024

Email: dar@alroba.org
http//www.alroba.org

---

**عنوان الكتاب:** لا شيءَ يُوجِعُني (ديوان شعر)

**الشاعر:** حمزة قناوي

**مراجعة لغوية: قسم المراجعة بالدار**

**إخراج داخلي:** سليل الفراعنة

**مصمم الغلاف: أحمد الجنايني**

**رقم الإيداع:** 1972 / 2021

**الترقيم الدولي:** 1- 2– 85809 - 977 - 978

---

جميع الحقوق محفوظة لدار الربىٰ للنشر والتوزيع، ولا يجوز - علىٰ أي نحو من الأنحاء - نسخ أي مما ورد في هذا المصنف، أو تصويره، أو ترجمته، أو تحويره، أو الاقتباس منه، أو تحويله رقميًا، أو تخزينه أو استرجاعه أو إتاحته علىٰ شبكة الإنترنت، إلا بإذن كتابي من الدار.

---

(ديوان شعر)

# لا شيءَ يُوجِعُني

الدكتور

## حمزة قناوي

مفارقة التذكّر والنسيان

في ديوان ( لا شيء يوجعني )

للشاعر حمزة قناوي

الأستاذ الدكتور محمد عبد المطلب

## ( 1 )

يقدم الشاعر حمزة قناوي ديوانه الأخير بوصفه قصيدة واحدة ذات محاور متتابعة ومتكاملة، تبدأ مسيرتها الدلالية من منطقة (التذكُّر) التي تتراجع إلىٰ بدايات الذات المتكلمة في الديوان، أي إلىٰ زمن الطفولة بكل براءته وبكل معاناته، ليصطدِم هذا المحور بالمحور المقابل له، وهو محور (النسيان)، في مغالبة يكاد يكون هذا النسيان صاحب الغلبة فيها علىٰ المستوىٰ الصياغي والدلالي، ثم تتابع الشعرية حركتها لتصل إلىٰ المحور الثالث، محور (الوحدة) مع توابعه من الحزن والألم والتمزق الخارجي والداخلي، ثم تحضر مُقدِّمَات وأسباب هذه الوحدة وهذا الحزن في المحور الرابع، محــور: (الرحيــل والسفر) وتوابعـه مـن (الغربـة والاغـتراب) و(التصوف) وصولًا إلىٰ المحور الأخير (الأنثىٰ) في تجلياتهـا المباشرة والرمزية والقناعية.

وهذا التعدد المحوري لم يكن عائقًا أمام مقولة إن الديوان قصيدة واحدة، ذلك أن مكوِّنَات هذه المحاور مبثوثة في كل القصائد تقريبًا، يرفد بعضها بعضًا، ويؤازر بعضها بعضًا، ويكمـل بعضها بعضًا، إذ تبلغ القصائد عشرين قصيدة من شعر التفعيلة.

وفي عقيدتنا النقدية أن (العنوان) هو المدخل الشرعي للنص الأدبي عمومًا، سواء أكان العنوان خارجيًا أم داخليًا، والعنوان الخارجي الذي يُقدِّم النص للقارئ هو: (لا شيء يوجعني) وهو عنوان حمَّال أوجُه، نتيجة لتصدُّر النفي فيه، إذ يقول النحاة والبلاغيون: إن النفي يبدأ فاعليته من منطقة الإيجاب، أي أنني لا أنفي المعدوم، وإنما أنفي الثابت الموجود، وهذا يعني أن الديوان يبدأ فاعليته الإنتاجية من منطقة (الألم الموجعة)، ويُلاحَظ أن الوجع في العنوان له خصوصية الارتباط بالذات المبدعة نتيجة لإضافة الوجع إلىٰ (ياء المتكلم– يوجعني)، ومن هذه الخصوصية يتحرَّك الديوان ساعيًا للخلاص من الوجع الذي لم يفلح النفي في الخلاص منه، لكنَّ متابعة العناوين الداخلية تشير إلىٰ أن الخلاص الحقيقي لم يتحقق، إذ ترددت مفردة الوجع مرتين في عنوانيْن: (لا شيء يوجعني– وجع المسافر)، وإذا كان العنوان الأول قد استحضر أداة النفي (لا) فإن العنوان الآخَر حقَّقَ حضور الوجع، مع سببه في (السفر) في أعماق الذات تارةً أخرىٰ.

ومن الواضِح أن الوَجَع الذي كان مدخل الديوان، له مقدماته، وله مظاهره، وله نتائجه، وربما كانت أولىٰ هذه المقدمات

متجسدةً في محور (السفر والرحيل)، وقد تجلَّىٰ ذلك في بعض العناوين الداخلية، حيث تردَّدَت في عناوين ثلاث قصائد: (وجع المسافر)، (كل ما لزم الرحيل)، (سفرٌ لمعراج النبوءة)، ويتصل محور الوجع بمجمل محاور الديوان التي سوف نعرض لها فيما بعد، لكنَّ هذا الوجع بتغلغله في دم الذات، لم يعد هناك وسيلة للمقاومة سوىٰ محاولة (النسيان)، وهي محاولة لها تجلياتها في عناوين ثلاث قصائد أيضًا: (أمرٌّ للذِّكرىٰ فأنساني)، (كما يُنسَىٰ حنينٌ في المساء) (كوردةٍ تَنْسَىٰ).

لكنَّ الواضح أن بنية (النسيان) قد استحوذت علىٰ السُلطَة الدلالية في الديوان، حتىٰ لو إننا قلنا إن هذا ديوانٌ للنسيان لم نجاوز الحقيقة، بدليل تردد المفردة أربعًا وخمسين مرة، وهذه المفردة ليست من المفردات التي ينتشر تردُّدها في الصِّياغَة تردُّدًا عفويًا مثل: (كان وقال وجاء)، بل إنها تحتاج إلىٰ سياق خاص، أي أن ترددها مشحونٌ بحمولة دلالية ذات تأثير بالغ في بناء شعرية المفارقة. ذلك أن تردد المفردة جاء علىٰ صيغ مختلفة، فهي علىٰ صيغة المصدر، وصيغة الفعل في زمنه الثلاثي، وصيغة اسم الفاعل، لكن الغلبة كانت لإسناد الصيغة للذات (أنسىٰ) حيث تردَّدَت هذه الصيغة اثنتين

وعشرين مرة، مما يعني أن النسيان كان همَّ الشاعر الأوَّل في هذا الديوان.

والملاحظ في مجموعة العناوين الداخلية أنها تبث في الديوان نزعةً دراميةً تكاد تتخلل كل مفاصله، ذَلِك أن هذا النسيان بوصفه صاحب السيادة الصياغية قد تسلَّطَ علىٰ الأزمنة الثلاثية- كما سبق أن ذكرنا- لكنَّ قِراءَة العناوين تعدِّل من هذه النتيجة بعض التعديل، إذ إن طبيعة النسيان أن يتسلط علىٰ الماضي، لكنَّ تردُّد الأفعال في العناوين غلب عليها الفعل المضارع، إذ تردد المضارع اثنتي عشرة مرة: (يوجع- سأحلم- أمرُّ-أرىٰ-أمشي-أرىٰ-يجيء- ينسىٰ- أحنّ-تنسىٰ- يشبه- يسافر) بينما لم يتردد الفعل الماضي إلا مرة واحدة: (لزم)، أي أن تردُّد المضارع علىٰ هذا النحو يمثل محاولة تغليب الزمن الحاضر والآتي علىٰ الماضي بكل محتوياته الموجعة.

* * * *

## ( 2 )

إن (النسيان) يستدعي مِحورًا سابقًا عليه بالضرورة، أي مِحور (الذِّكرىٰ أو التذكُّر) الذي يتابع مجريات الواقع الحياتي والنفسي للذات المتكلمة والمتوجعة في الديوان، وهو واقع يتراجع للوراء وصولًا إلىٰ زمن الطفولة بكل محتوياته البريئة النقية التي استحالت إلىٰ زمن للوجع المبكر، يقول الشاعر:

**" لم أنأ عن حُلمي**

**ولم أنسَ ارتحالي في أغاني الماء ... لم أخُن النبوءةَ**

**سِرتُ مِن وَجَعٍ إلى جُرحٍ ومن رُؤيا إلى أخرى لأعبُرَ للصَّدَى واسمي هُنَاكَ**

**رأيتُ ما آثرتُ أن أنسَى يمرُّ على رُؤايَ يرُدُّني لطُفولةٍ أولَى تُراوِدُني وتَنْأى".**

ومن قِراءة الديوان يتكشف أن هذه الآلام التي بَدَأت مبكرًا مع زمن الطفولة لم تتوقَّف عند هذا الزمن، بل واصَلَت مرافقة الذات لتصل معها إلىٰ زمن الشباب وتجاربه العاطفية البكر التي يقول الشاعر عنها:

**"شرودها عند الوداعِ وما تَبَقّى من نِثارِ العِطرِ فوقَ الريحِ**

**يحملُهُ الهواءُ إليَّ كي أمضي إلى أفقٍ بعيد".**

وتجربة الحب المبكرة أوغلت في مرجعيتها الثقافية لتستعيد إحساس الفَقد في التراث العربي بالوقوف علىٰ الطلل بكل توابِعه الحزينة:

" أو بكيتُ على طَلَلٍ يحمِلُ اسمِي وذِكرايَ، أم كنتُ نقشًا على الريح تحمِلُني حين أمضي"

\* \* \* \*

## ( 3 )

إن المغالبة كانت سِمَة العلاقة بين المحورين السابقين (التذكر والنسيان) علىٰ المستوىٰ الصياغي والمستوىٰ الدلالي، وقد سبقت الإشارة إلىٰ تردد مفردة النسيان أربعًا وخمسين مرة، مما يعني أنها حاضرة في كل دفقة شعرية في الديوان، ومن خُصوصيَّة النسيان التسلط علىٰ الماضي بكل محتوياته، وبخاصة المحتويات الموجعة:

**"سأعيد تشكيل المساءات البعيدة، ثم أنس كيف مرَّت من هناك إلى هناك"**

واللافت أن محور النسيان لم يكن أداة الإبداع للتغلب علىٰ الماضي فحسب، بل إن النسيان أصبح وسيلة للتحرر من توابع هذا الماضي :

**"حُرٌّ حينما أنس ومُنعَتِقٌ من الأحزان"**

كما أصبح وسيلةً لمواصلة الحياة:

**"تأتي فأنسَانِي وأذكرُها كما يهفو لحُبٍّ عاشقٌ يَنس ليحيًا"**

إن المفارقة بين محوري ( التذكر والنسيان ) قد أدخلت الديوان في سياق درامي يميل إلىٰ الحِدَّة أحيانًا، وإلىٰ الهدوء أحيانًا أخرىٰ، يقول الشاعر منتجًا هذه الدرامية المضمرة:

**"نَأت بِي الأغنياتُ من التَذَكُّرِ ، ثم أهدَتني إلى النسيانِ ظِلًا للهَبَاء".**

وتأكيدًا لهذه النزعة الدرامية خصص الشاعر لمفارقة التذكر والنسيان قصيدة مشبعة بهذا الملمح الذي يكاد يتدخل في كل القصائد، ولكنَّهُ في قصيدة (أمُرُّ للذكرىٰ فأنساني) كان صاحب السلطة المطلقة. يقول الشاعر :

**"مررتُ كي أنسَى فحاصَرني التذكر"**

. ...

**"أمرُّ للذِكرَى فأنساني، وأعبُرُ مثلَ أغنيةٍ تجيءُ من البعيدِ للامكان"**

وقد انتَشَرَت هذه الدرامية في الدلالة والصياغة التي تصادمت دوالها في حدة لا تسيغها المرجعية المعجمية، حيث نواجه في الديوان بأبنية مثل: ( أجهش بالغناء ) والأصل: ( أجهش بالبكاء )، مثل: ( مررتُ كي أنسىٰ فحاصرني التذكر ) و(الترنم بالوجع) و(الاشتهاء القاتل ).

ومن الواضح أن هذا النسيان لم يكن ضرورةً للذات فحسب: وإنما كان ضرورة لمواجهة نسيان الموضوع أيضًا، أي أنه كان لصيقًا بالطرفين: (الذات والموضوع):

**"ولعلها نَسيَت بكُلِّ بساطةٍ ومَضَت لواقِعِهَا الجَديد"**

* * * *

## (4)

تابعنا بعض مظاهر دراميَّة الصِدام بين التذكُّر والنسيان، وهو ما يدعونا لمتابعة مقدمات هذا الصِدام، التي تتبدَّىٰ من دخول الذات عالم (الوَحدة) وتوابعها من تدفق الهموم والأحزان، ثم سَعي الذات للدخول في درامية أخرىٰ بين (الوحدة والثنائية) لكنها ثنائية الالتحام التي تغالب هذه الوحدة، وغالبًا ما تدخل الثنائية التلاحمية منطقة الاختيارات، بحيث يكون الالتحام مُزيلًا للوحدة، أو مخففًا منها علىٰ أقل الاحتمالات. وقد وقع اختيار الذات علىٰ (البحر) لكي تتوحد به بوصفه عالمًا من الصَّخَب والتموُّج والصَمت والهدوء، وبوصفِه أداة التواصل مع البعيد الغائب، وهو في الوقت نفسه عامل الانفصال علىٰ المستوىٰ المادي والروحي، وهو ما عبَّرَ عنه يومًا امرؤ القيس في قوله:

**"وليلٍ كَمَوجِ البَحرِ أرخَىٰ سُدولَهُ * عَليَّ بأنواعِ الهُمومِ ليبتلي".**

واللافت أن للبحر حضورًا كثيفًا في الديوان، إذ بلغ تردُّدُه اثنتين وعشرين مرة، وجاء تردده مُحمَّلًا بكمٍّ كبير من الرموز والإسقاط، وهو ما يحتاج إلىٰ قراءة مستقلة تكشف عن هذه

15

الوظائف المتعددة في ديوان حمزة قناوي، ومن الواضح أن توحد الذات بالبحر كانَ نوعًا من محاولة الخلاص المؤقت:

**" مرّ هذا البحرُ في دميَ المشردِ في منافي الريح"**

وقد يأتي البحر مشحونًا بأحزان الذات:

**" لظلِّ قافيتي أسيرُ لما يقول البحر للّيل الملازم حزنه"**

وإذا كان البحرُ يحمِلُ إلىٰ الذَّات صَخَبَهُ واضطرَابَهُ فإنَّ التوحُّدَ يُغادِره إلىٰ (الفَراشَة) بكل حمولتها من الحركة الحائرة بين الغناء والبكاء، المقبلة علىٰ خطر الاحتراق:

**" ولما تُسِرُّ فراشةٌ قطَعَت مَدىً بغنائِها لِلّيلِ بَاكيةً: تَعِبْتُ مِنَ الرَّفيفِ ...**

**من الترنُّم بالمواجِعِ في الحقول"**

لكن التوحُّد الذي لجأت إليه الشعرية لم يكن كافيًا في التغلب علىٰ الوحدة وتوابعها من التمزُّق الخارجي والداخلي:

**"خَرَجتُ من ظِلِّي إلى نَفسي ومن عَدَمي إليَّ**

**إلى انعتاقي الحُرِّ من أمسي الذي لم ألقه"**

معنىٰ هذا أن التَّوَحُّد لم يكن قادرًا علىٰ التَّغَلُّب علىٰ عالم الوحدة، وهو ما يدفع القارئ إلىٰ طرح سؤال ظل يلح عليه منذ بداية القراءة: ما الذي أدخل الذات كل هذه المساحات من الحزن

والألم؟ ولماذا دخلت منطقة الوحدة؟ وهو ما يمكن أن تحضر بعض إجابته في المحور القادم.

\* \* \* \*

( 5 )

إن عالم الوحدة له مظاهره من التمزق الداخلي، وله مقدماته، كما له نتائجه، ولعلَّ أهم هذه المقدمات التي ترددت مفرداتها في الديوان ترددًا لافتًا (الرحيل) الذي يتكئ علىٰ مفردة (السفر)، وأهمية هذا الملمح الدلالي أنه أدخل الذات منطقة (الغربة والاغتراب): الغربة ببعدها المادي، والاغتراب ببعده النفسي والروحي، وذلك يعني أن الذات تخلصت من مفهوم (التجربة) الرومانسية، لتدخل دائرة (الحالة) بالمفهوم الصوفي، وقد عبَّرَ الديوان عن هذه الحالة في قوله:

**" يُقبِلُ البَحرُ المُعنَّى مِن مَرَافِئِهِ إلى القَلبِ الذي احتَرَفَ الرَّحيلَ والانتِظَار".**

ويلفتنا في هذا المحور أن (الغربة) لم ترتبط بالرحيل، بل يبدو أنها مرافقة للذات مرافقةً لُزوميَّةً في الحل والترحال معًا، أي أنه في زمن الوطن، كانت الغربة رفيقته أيضًا.

ومن المؤكَّد أن الغربة والاغتراب بكل بعدهما المادي والنفسي قد قادَا الشِّعرية إلىٰ الالتحام (بالعرفانية) الباطنية، ولهذا نلحظ أن الديوان قد ضم معجمًا ينتمي إلىٰ هذه الدائرة، من مثل: (المعراج – الرؤىٰ – النبوءة – التراتيل – الصحو – المحو – الوقت

18

- الملكوت - الروح - الموت - السفر - الرحيل) ويبدو أن حمزة قناوي عاش عمره في سفرٍ دائم في الحقيقة وفي السراب:

**" قالَ المُسافر من مَرايا الرُّوح أمضي للنَّهار وإن نَأىَ**

**دَرْبي بداخلِ ما أرىَ لا ما تخَالُ**

**وما أراه يُردُّ نفسي نَحوَ أوَّلِها"**

وقد أدخلته العرفانيَّة إلىٰ (الموت التقديري):

**"كينونتي وهُويَّتي وأنا هُناكَ أمُرُّ مِن عَدَمِي إلى موتٍ سيعبُرُني لأحيا".**

* * * *

## ( 6 )

وخلاصة المحاور كانت في تجليات ( الأنثىٰ ) التي حضرت في الديوان حضورًا مُقنَّعًا تارةً، وحضورًا رمزيًا تارةً أُخرىٰ، وهو حضور يكاد يستحيل إلىٰ توحُّد بكثير من مفردات الديوان، وكما اتَّحَدَت الذات بالبحر والفراشة، اتَّحَدَت الأنثىٰ بهما أيضًا، لكن توحدها الأثير كان (بالفراشة) التي تردَّدَت مُفردتُها اثنتي عشرة مرة في الديوان، ثم تأتي بعدها (الغزالة) :

**" لا ندمًا يُساورني إذا لاحَتْ بوجهي من مَرايا البحر "**

**"فراشةً راغت إلى أفق اللهيب ...**

**غزالةً رَقصَت على وجعِ الغناءِ وأتعَبَت أسْرَ الشبّاك".**

ثم تتوالىٰ أقنعة الأنثىٰ ورموزها في : ( العطر – الأغنية – اللوز – المشمش – الورد – الزهرة – الأميرة – الحرير ) وكل هذه الأقنعة والرموز التي تخفي الأنثىٰ حينًا وتكشفها حينًا آخر، يمكن تلخيصها في سطر واحد:

**"بغيابِها نأت الأماكنُ كُلُّها".**

* * * *

## ( 7 )

إن من أهم ملامح الديوان الصياغية والدلالية سيطرة الذاتية بضميرها الأثير : (أنا)، لكن هذه الذاتية المسيطرة لم تُغلِق الديوان علىٰ صوت مبدعه، بل إن انفتاح الديوان أتاح لبعض الأصوات أن تحضر مُعبرةً عن رؤيتها الخاصة، التي تكادُ تلتحِم برؤية الشاعر الإبداعية من ناحية، وتعبِّر عن مرجعيته الثقافية من ناحية أخرىٰ، وهي مرجعية تُوغِل في القديم لتصل إلىٰ بدايات الشِّعريَّة العَرَبيَّة عند امرئ القيس، خاصةً في ليلهِ الطَّويل الذي ظل محافظًا علىٰ حضوره في الشعرية العربية حتىٰ يومنا هذا. يقول حمزة قناوي داخلًا في ليل امرئ القيس:

**" أمْضِي خفيفًا نَاسيًا ما قد خَسِرتُ وما انتَظَرتُ وأولَ اللَّيلِ الطَّويل".**

يقول امرئ القيس :

**" ألا أيها الليل الطويل ألا انجلِ * بصُبحٍ وما الإصبَاحُ مِنكَ بأمثَلِ"**

وكما ظَهَرَ صوتُ امرئ القيس، ظهر صوت دعبل الخزاعي في رؤيته للكثرة العدمية في قوله:

**"إني لأفتحُ عينيَ حينَ أفتَحُهَا * على كثيرٍ ولكِن لا أرَى أحدَا"**

ويقول الشاعر في قصيدة ( حُرٌّ كيومٍ لا يَجيء) في ديوانه:

**" يمضي العابرونَ مُسرنَمينَ ولا أرى أحداً ولا ذِكرى تمرُّ"**

ويتحرك التناص من القديم إلىٰ الحديث ليستدعي صوت محمود درويش في قوله من ديوان "أوراق الزيتون" :

**"أحِبُّ الرَّحيلَ إلى أيِّ ريحٍ ولكِنَّني لا أحِبُّ الوُصول".**

ويقول حمزة قناوي :

**"لِهَذَا البحر ما قالت أغاني الريح**

**كُن حُرًّا ولا تأبَه بِقيدٍ مِلءَ نَفسِكَ**

**وابدَأ السفرَ الطَّويلَ بِلا اشتهاءٍ للوصول".**

* * * *

## ( 8 )

إن هـذه المحـاور بكـل أنسـاقِها الصِّـياغيَّة ومُنتَجِهـا الـدَّلالي، وبكل خطوطهـا التي تـذهب طـولًا وعَرضًـا و بِكُـلِّ بعـدها العـاطفي والنفسي والواقعي تنتمي– جُملةً – إلىٰ إبداع الحداثة التي لـم تقطـع صلتها بالتراث، بل يُمكـن القـول إنها امتـداد للـتراث، لكنهـا تغايره، وقـد تابعنـا بعضًـا مـن ذلـك في استحضـار بعـض الأصـوات التراثيـة وربطهـا بأصـوات الحداثـة، ولـم يكـن التنـاص وحـده رابـط الـديوان بالتراث الإبداعي، بـل إن الـديوان اعتمـد ثنائيـة الـتراث والحداثـة في إجراءاته التعبيرية، وكثيرًا من الأبنية التي احتضنها الديوان تنتمي إلىٰ هـذا الـتراث، لكـنَّ الشِـعريَّة انطلقـت بها مـن هـذه المرجعيـة التراثيـة لتزرعها في سياقٍ جديدٍ كلَّ الجِدَّة. يقول الشاعر :

**"حريرُ كَفَّيهَا يُبعثِرُ نَرجسًا وسُنونواتٍ لا تَكفُّ عن الغِناء**

**...**

**الوردةُ الوسطَى يُراوِدُها العَبير"**

إنَّ رَبْط الكفين بالحرير والوردة بالعبير، أبنية مُوغِلَة في الثقافة الشعرية، لكنَّ الإبداعَ استلَّ البنيتين مـن سياقهما القـديم وأدخلهمـا

بناءً جماليًا لم تألفه اللغة البلاغية عندما أتاح للعبير أن يبعثر النرجس، وعندما أعطىٰ الوردة قُدرةً بشريَّةً في مُراودةِ عبيرِها.

ومثل هذه الثنائية بين التراث والحداثة شكَّلَت كثيرًا من أنساق الديوان، بل إن كثيرًا من الأبنية لم تتعودها اللغة العربية، من مِثل:

- **"ينحني اللّيلُ الشّريدُ على المُسافِرِ".**
- **"الماءُ الموزّعُ في الخَرير".**
- **"أجهشُ بالبُكاء".**
- **"عُريٌ من حرير"**

وتتجلىٰ هذه الظاهرة في تغييب أداة الربط، إشارةً إلىٰ أن الديوان يؤثر الروابط الدلالية علىٰ الروابط الصياغية، يقول الشاعر في قصيدة (بيروت):

**"خفقةٌ في الرّوحِ**

**أغنيةٌ من الأزهارِ**

**ضمّةَ عَاشِقَيْنِ تَوَاعَدَا بَيْروت**

**شَهقةُ نَسْمَةٍ ... جَمَحَ الهَواءُ بِخِفّةٍ".**

ثم يتدخَّل (السرد) ليعطي للديوان نكهة قصصية، لكنَّهُ سردٌ يُحافِظُ علىٰ انتمائه للشعرية، ومع السَّردِ يأتي الحوار الموجز الداخلي الذي يخفي أكثر مما يظهر:

**"ما بينَ مَن ضَلَّ المسالِكَ**

**أو نَأىَ فتَشَرَّدَا ...**

**قال المسافِرُ:**

**ليسَ لي من صاحِبٍ في ذَلِكَ التِّيهِ الَّذي ظَلَّلْتَهُ".**

إن هذا الدِّيوان القصير بكل محتوياته التراثية والحداثية يؤكد وعي الشاعر بموروثه الشعري، وتحوُّلاتِه الشَّكليَّة والمضمونية، كما يؤكد وعي الشاعر بواقعه الخاص والعام، ثم أتبع الوعي بالمواجهة التعبيرية التي تُتيح للمتلقي أن يكون شريكًا في الإبداع بإنطاق بعض المسكوت عنه، وتَنوير بعض المعتم، إكمال بعض الناقص، وكلها ظواهر قَصَد إليها الإبداع عن وعي بقيمتها الإبداعية الجمالية.

**بقلم ..**

**الأستاذ الدكتور/ محمد عبد المطلب**

* * * *

إهداء

إلى ما انتظرتُ وما خسرت

(لا شيء يُوجِعُني)

لا شَيءَ يُوجعني بدربِ غيابِها ...

سأُعيدُ تشكيلَ المساءاتِ البعيدةِ ثم أنسَىٰ كيف مَرَّت من هُنَاك إلىٰ هُنَاكَ

كما الفراشةُ شاغَلَتني بالرفيفِ وبالعبيرِ وغادَرت ...

لا شيءَ يُوجِعُني ...

سأنسىٰ وَجَهَها هذا المساءَ ... أعيدُ ترتيبَ التفاصيلِ التي وُسِمَت بها...

يدُها الصغيرةُ في ذراعي وارتعاش شفاهِها في قُبلةِ الحُبِّ السريعةِ حين نعبُرُ بالطَّريقِ ...

حريرُ كفَّيها يُبعثِرُ نَرجِسًا وسنونواتٍ لا تكفُّ عن الغناءِ

وما تبقَّىٰ من حقولِ البُنِّ عابقةً بفستانٍ نضَتهُ عن الربيعِ لتتَّقِد والنورسانِ الأبيضانِ ...

الوردةُ الوسطىٰ يُراوِدُها العبيرُ

الصمتُ إن يبكِ الحريرُ

شُـرودُها عنـد الـوداعِ ... ومـا تبقَّـىٰ مـن نِثـار العطـر فـوق الريحِ...

يحملهُ الهواءُ إليَّ كي أمضي إلىٰ أفقٍ بعيد ...

ثم أُصغِي لِلَّذي همَسَت بهِ فوق الرصيفِ " تُرىٰ ستنسـاني؟"

وأبسِمُ من مُفَارَقةِ الوُعودِ جميعها ...

لا سرَّ عندي تحت جُنحِ الليلِ "إلا خيبتي وغيابها" ...

سأعدُّ أضواء النيون ... أسيرُ لِلمقهـىٰ الـذي انكمشـت بـهِ في ساعديَّ كقطَّةٍ ...

وأمرُّ تحت الفندق الشتويِّ أَدْفأَ عاشِقَيْن بسِرِّهِ ...

حتىٰ انتشىٰ الوردُ المُطلُّ عليهِما ...

لا برقَ في جَسَـدي أمـام الليـلِ ... مُطفـأةٌ تفاصيلُ الكواكـبِ كُلِّها والعابرون كما الهباء ...

لا شيء يُوجِعُني ...

سأنسىٰ كُلَّ ما رَمَت الحقولُ من اخضرارٍ فوقَ عينيها وأنسىٰ
قُبلَةَ الرِّيحِ التي لم تَغفُ يومًا دُونَها ...
أنسَىٰ الفَرَاشَةَ والرَّفيفَ ووعدَهَا ودموعَهَا ...
وأعيدُ ترتيبَ التفاصيلِ الحميمةِ ثم أنسىٰ وجهَهَا حتىٰ أُفتِّشَ
عن بدائِلَ للمَسَاء...
فربما ألقىٰ سواها مَن تُصادِقني ...
وقد ألقىٰ أسايَ موسِّدًا روحي السماءْ!

(بغيابها)

بغيابها نَأتِ الأماكنُ كلُّها ...

اقتربَ الشَّتاتُ من الشتاتِ مُرقرِقًا وجَعًا

انطفأت سماواتٌ تهادَت تحت زُرقتِها كخَفقةِ عاشقٍ ...

مرَّ الحنينُ عليهِ هفا لِطَيفِ غزالةٍ ركضت يراوِدُهَا المدَىٰ

عن نفسهِ...

كيفَ المدَىٰ اتَّسَعَا

بغيابها مرَّ الهديلُ علىٰ الهواءِ مُحمَّلًا بالحُزنِ ...

يحملُ بعضَ ما تَركَت عليهِ من انتشارِ العطرِ عند وداعِها ...

بعضَ الغناءِ علىٰ يديها باكيًا رَجْعَا

لا شيءَ يحمِلُهُ إلىٰ أيِّ الجهاتِ أمام هذا الليلِ بعد غيابِها...

لا الفندقُ السرِّيُّ ... لا المقهىٰ الشِّتَائيُّ الذي أخفىٰ مساءً

قُبلَةَ الحُبِّ التي شردت بهِ ...

فوق اخضرارِ حُقولِ عينيها ...

ولا الدربُ الذي اشتجرت به كَفَّاهُما

تحتَ المساءِ وخَالَهُ دَمَعَا

في جُنحِ هذا الليلِ يوجعهُ التذكُّرُ

كُلُّ ما تركَ الشُّرودُ لوعيهِ فُستانُها الليلي ... عِطرُ صُنوبرِ

الغاباتِ فوقَ حريرها ...

رفُّ الكمانِ علىٰ تنهُّدِهَا وقد أنَّت قطيفتُها

شهيقُ بياضِها إن ينتشي

والكون قد هَجَعا

مرَّ المساءُ علىٰ رؤاهُ فأوقظَ الذِّكرَىٰ من النِّسيانِ

لم تُبقِ الأغاني والوعودُ وقبلةُ الليلِ الأخيرةُ غيرَ هذا الحزن

منفردًا أمام الليلْ

لا شيءَ في عينيهِ غيرُ العابرين علىٰ الطريقِ وطيفُها

ملءُ التذكُّرِ حسرتانِ وخيبتانِ

وما تبقَّىٰ في سهول الذكرياتِ من انتحابِ فراشةٍ جَزَعا ...

38

وقتٌ يُشرَّدُ في براري الوقت يفتحُ في المدىٰ جُرحًا من الأزهارِ

يصحو من تنهُّدِ عاشقٍ ... ورفيفِ أغنيةٍ تمُرُّ كما ملامحُها البعيدةُ في رُؤاهُ

بَكَىٰ الرفيفُ وأنَّ ما سُمِعَا ...

والذِّكرياتُ جميعُها نثرُ التوجُّع في مَنَافي الرُّوحِ ... مرثيةُ الهديلِ وآخرُ الحُلمِ الطويلِ ...

تمرُّ ... تحملهُ إلىٰ مَوتٍ شفيفٍ مثل أغنيةٍ يسلِّمُها الكمانُ إلىٰ الصَدَىٰ ...

مثلَ انتحارِ فَرَاشةٍ في الضوءِ بَعثرَهَا الهَواءُ

وليس من ينعىٰ.

(وجعُ المسافر)

ليلٌ يسافرُ فوق أجنحةٍ وينضو حُلكةً عن أُفقهِ
مرَّ الغريبُ مُحمَّلًا بحقائبِ الوقتِ الثقيلِ وحزنهِ
أَرسىٰ التشردُ في ملامحهِ شُرودَ المُتعبينَ من المرافئِ
والمسافات التي أضحَت جُروحًا كُلِّلت بجُروحِهِ
صِنوانِ يلتقيان في وجعِ الرؤىٰ: الليلُ المسافرُ والغريبُ
كأنَّ مَفَازَةَ الوقتِ الثقيل تهيَّأت لهُمَا
كأنَّ الحُزنَ وحَّدَ فِيهما ما لا يُوحَّدُ
ينحني الليلُ الشريدُ علىٰ المسافر
آلمتهُ الوحشةُ الخرساءُ في تيهٍ يُسرمِدهُ المدىٰ المفتوحُ
ينثرُ بعضَ ما تَرَكَ الظلامُ بروحهِ:
"لا تنأَ عني يا غريبُ فليسَ في هذا الإسارِ القفرِ إلاَّنَا
علىٰ وَجَعِ المدَىٰ ...
هذا الطريقُ مُراوِغٌ قد شكَّلتَهُ الريحُ وفقَ جُنونِها
ومَضَت تُناثرُ فوقهَ ذكرىٰ الذين مضوا بهِ

ما بين من ضلَّ المَسالكَ

أو نأىٰ فتشرَّدا"

قال المسافرُ

"ليس لي من صاحِبٍ في ذلك التِّيهِ الذي ظللتَهُ بجناحِ

حُلكتكِ الثقيلة

غير ما وَجَعي ...

يُطامِنُ في أَسَايَ الخَوفَ ...

ينثرُ في المساءِ الأغنياتِ مهدهدًا".

- لكنما الوجعُ المهدهدُ ليس غير سحابةٍ تَمضِي علىٰ

عَجَلٍ ...

تُظَلِّلُ بَعضَ مَا تَركَ الأسَىٰ وتمُرُّ نحو غيابها ...

إن انتظارَ البُرء من وجعٍ ...

سُدىٰ!"

قال الغريبُ "أرىٰ نبوءاتي تمُرُّ علىٰ رؤايَ وما اهتديتُ ...

كأنما انتفت الجهاتُ ... تَوحَّدَ المرئيُّ في الغيبيِّ ...

بعثرت السَّمَاءُ نُجومَهَا الأُولىٰ ...

وما من أغنياتٍ من حُداءِ العابرينَ ولا قوافي المنشدينَ ولا الصدىٰ!

مَن للمُسافِرِ في مَفَازَتِه إذا انداحَ السبيلُ كما السديمُ

وللرِّمالِ نشيجُها والليل فاتحةُ الحنينِ إلىٰ الوصولِ

وللمرافئِ إن يمُرُّ البحرُ في الذكرىٰ

فينكسرُ السرابُ علىٰ الندىٰ".

-" لا ماءَ في الذِّكرىٰ وليس سوىٰ قِفارِ الصحو في تيهٍ" يقولُ الليلُ ... " لا واحاتِ تبدو أو عيونٌ في هُجوعِ الكونِ ... لُذْ بسوادِ سرِّي يا غريبُ

فللنهارِ هجيرُه ولظىٰ الرَّدىٰ"!

قال المسافرُ "من مرايا الروحِ أمضي للنهارِ وإن نأىٰ ...

دربي بداخلِ ما أرىٰ لا ما تخالُ ...

45

۴۶

„العَبَّاسُ بَطَلٌ.
... حَارِسٌ يَقِفُ عَلَى بَابِ الحُبِّ وَيَحْرُسُ القَلْبَ
... يَحْرُسُ عَيْنَيَّ مِنَ البُكَاءِ
... يَمْنَعُ أَفْكَارِي مِنْ تَحْطِيمِ الرُّوحِ.

(كُلُّ ما لزمَ الرحيلُ)

مرَّت هنا ...

مرت علىٰ أعطافِ قلبي في ارتباك

فراشةً رَاغَت علىٰ أَلَقِ اللَّهيبِ

غزالةً رقصت علىٰ وجعِ الغناء وأتعبت أسرَ الشِباكِ

إلىٰ المدىٰ رَكَضَتْ علىٰ وقعِ الرَّصاصِ فأوجَعَت حتىٰ العِراك

علىٰ بَقايا حاجزٍ سُئِلَت مِرارًا عن هُويَّتِها فآلمَها الحنينُ

رَنَت إلىٰ الوَطَنِ الذي احترَقت بقاياهُ الأخيرة ... والمدىٰ ظِلٌّ لمجزرةٍ ومأساةٍ تُحاك

وكل ما لزِمَ الرحيلَ حقيبةٌ ... وشهيقُ خُفٍّ أتعَبَتهُ الرِّيحُ ...

مثلَ يَمامةٍ تَعْبىٰ بَكَت أَسْرَ الكمانِ هديلَهَا فبكىٰ الشِراك

هَوَت علىٰ نَهرٍ تُهيِّئُ عُريَهَا حتَّىٰ تَذوبَ بِهِ وتغسِلَ بَعضَ فِتنَتِهَا ... تُريحَ شُرودَهَا ... تنسَىٰ الجُنونَ

49

فَمَا رَأَت مَوتًا يُظلُّ بَيَاضَها ... مَوتًا يؤجِّلُها طويلًا دون أن

ينسىٰ ...

انتَشتْ ... خرجتْ لهُ بشهيق مرمرها ومرَّت في عَويلِ الريحِ

أغنيةٌ رثت حُلمًا تهاوىٰ عاريًا فبكىٰ مَلاك

. . . . . ....

مَضَت هُنَا بين الحرائقِ والرَّصاص تشدُّ قامتها وتسمو للسَّنَا

مرَّت بقلبي من هنا

وهوت هُناك!

(بيروت)

خفقةٌ في الرُّوحِ

أغنيةٌ من الأزهارِ

ضَمَّةُ عَاشِقَيْنِ تَوَاعَدَا بَيْروت

شهقةُ نسمةٍ جَمَحَ الهواءُ بخفَّةٍ ...

لتمُرَّ في جَسَدِ النهارِ على يديهِ

وتستريحَ على تنهُّدِ فتنةِ امرأةٍ

تمرُّ على طريقِ البحرِ تأسِرُهُ وتَمضِي

يركُضُ الزَّبَدُ الخَفيفُ على الرِّمَالِ مُلاحقًا قدمينِ نَوْرَسَتَيْنِ
قَد نَأَتَا

ويلهثُ عائدًا للموجِ مُنتشِرًا على جسدِ المرافعِ والمراكبِ
والظلالِ

صهيلُ حُلمَينِ ... اشتهاءٌ قاتِلٌ في شُرفَتَيْنِ

وشهدُ بنتٍ تَثْنَي حَتَىٰ تُروِّضَ في مرايا عُريها اللَّيلي عاصفةً

تُخْبَأُ في كُرومِ شَهيقِها خَلفَ الدَّوَال

**53**

حفيفُ أشجارٍ تعانقَ عاشِقون بظلِّها
ومضوا إلىٰ الذِّكرىٰ ... يُسرُّ إلىٰ اخضِرارِ العُشبِ مُنفَلِتًا بما
همسوا به
وكأنما يتعاهَدُونَ علىٰ الغِيابِ!
نثارُ أزهارٍ يُزنِّرُ شرفةً بحريةً ترنو لشَهقَةِ نَغْمَةٍ
مِن نَأيِ خصرٍ لاحَ عُريُ حَريرِهِ
ليُشرِّدَ الرائينَ في قيظِ الرِّمال
فراشةٌ تنأىٰ الظلالُ عن ارتعاش جناحِها بيروتُ
أَنَّةُ نَجمَةٍ يغفو سَنَاها فوق هذا البحرِ
يوجِعُها انطفاءُ شُعاعِهَا الورديِّ
إن مرَّ النهارُ علىٰ ابتسامتِها فآذنَ بالزَّوَال
مَسَافَةٌ للحُلمِ للمارِّينَ فوقَ غيابِ هذي الأرضِ
بوحُ العابرين علىٰ المرافئِ
آخرُ اللغةِ القصيَّةِ

غَمْغَمَاتُ الفَجرِ من خلف التلال

وزهرةٌ حجريةٌ ترنو إلىٰ التاريخ باسمةً وتبتكِرُ الملاحِمَ

ملءُ ملحِ البحر

هذا البحرُ

ينكسِرُ الغزاةُ علىٰ اصطخابِ مياههِ وتغادِرُ السُّفُنُ المغيرةُ

وهمَهَا

إن لاحَ وجهُ مدينةٍ صمدت بوجهِ الموتِ ساخرةً

تَطُولُ ولا تُطَال

أمِن بقَايا صَخْرةٍ في البَحرِ ينبعثُ النشيدُ مُقاوِمًا عَدَمًا

وتُولَدُ مِن سَمَاءِ أُلوهَةٍ أُولىٰ أغاني الفجرِ

من حُريةٍ نزَفَت عَلىٰ أعتَابِ مَذْبَحِها ...

لترنو للمُحال؟!

كأنَّها بيروتُ آخرةُ الرمادِ ...

كأنَّ هذا الصحوَ يُعرفُ باسمِهَا

تَمضِي البلادُ إلىٰ كُهولتِها

ويبعثُها الربيعُ ... بنفسجَ امرأةٍ تبرعمُ في بذارِ الأرضِ فتنتها

وتعبُر في اختيال

تُسوِّرُ الأزهارُ مَرمَرَها وتاريخًا يحيِّرُ عاشقيها ...

وحدها تَسْبي إجاباتِ الوجودِ ...

ووحدها ظِلُّ السؤال.

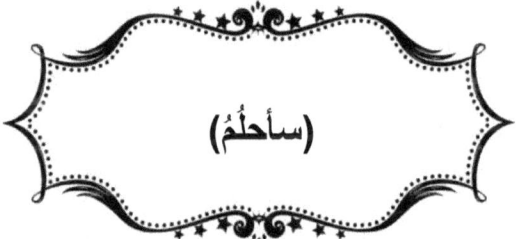

# (سأحلُمُ)

سأحلُمُ ...
لا لشيءٍ غيرَ أني سوفَ أحلُمُ ...
عابرًا وقتًا يُجلِّلُهُ انطفاءُ الأمنياتِ على الرَّمَادِ
ونَاسِيًا ما كُنتُهُ
لا شيءَ أبعدُ من نهارٍ لا يجيءُ
ومن صَبيٍّ كان فيَّ وخُنتُهُ
لا شيءَ إلا الحُلم يحمِلُنا إلىٰ الزَّمنِ الذي لم يأتِ ...
أو لأماكنَ اشتُهيَ الوُصولُ لظِلِّ سِدرتِها ومرَّت في الغيابِ...
أنا سأنسَىٰ كُلَّ ما تَركَ الغيابُ من الأسَىٰ ومِنَ انكسارِيَ حين أحلُمُ
مرَّ هذا البحرُ في دميَ المُشرَّدِ في مَنَافي الرِّيحِ
أوجعَهُ انتِشَارُ المِلحِ في أمواجِهِ ...
مرَّت فصولُ البحرِ صاخبةً بذاكرتي وجرَّحني التذكُّرُ

مرَّت المُدنُ المرافئُ والنهارُ المُستحيلُ ووجهُها المأسورُ

في النسيانِ

ماضٍ ما يمُرُّ وما أراهُ كأنَّهُ سُدُمٌ تُناثرُ غيمَهَا برؤايَ

هل تنأىٰ الحياةُ عن التذكُّرِ حين تمضي وَردَةُ الوَقتِ الشَّريدةُ

نَحوَ ظِلِّ الموتِ ...

... أو إن يُفلِتَ التَّذكَارُ من صَحوِ الحَقيقةِ لانطِفَاءَات

الزَّوَال؟

لصمتِ هذا الوقت موسيقىٰ تجيءُ من البعيدِ خفيفةً وندِيَّةً

مثلَ الفَرَاشةِ لامسَت وتَرًا من الماءِ الموزَّع في الخريرِ

وأفلتت بصداهُ في عُمقِ المساءِ إلىٰ السماءِ ...

وللسماءِ غناؤها في صمتِ هذا الوقتِ ... للآفاقِ ...

للسُّحبِ التي تهفو إلىٰ المطرِ الخفيفِ ولانْتِشاء الشَّمسِ

فوق بياضِهَا

والعُشبُ ينثرُ من مَراياهُ الأشعةَ في توهُّجِها علىٰ أطرافِهِ ...
ذَهبًا يسيلُ علىٰ الندىٰ ...
وأنا سأحلُمُ.
خانني الصَفْصَافُ في وهجِ الهجيرِ ولم ألُذْ إلا بهِ
وازوَرَّ عن قَلبي الرَّبيعُ ولم أعِش إلا لهُ ...
انطَفَأَتْ بَقَايا الأُغنياتِ برُوحِيَ التَّعبَىٰ فقلتُ: قصيدتي تحيا...
سأبعثُ من قصيدتيَ انعتاقي ...
سِرتُ للإيقاعِ في نَفْسي ... مَضيتُ إلىٰ رؤايَ ... نَسيتُ نَفسِيَ عند أوَّلها
انجلىٰ المعنىٰ من الكلماتِ مُنتشيًا خفيفًا مثلَ أولِ خَفْقةٍ في الرُّوحِ ...
مثل الضوءِ والترتيلِ ... حسًّا خلف جَرْسٍ غامضٍ أو لا يُؤَوَّلُ ...

61

يُقبِلُ البحرُ المُعنَّىٰ من مرافِئِهِ إلىٰ القَلبِ الـذي احتَرَفَ
الرَّحيلَ والانتظارَ لأن شيئًا لا يجيء.
ويُقبِـلُ النسـيانُ مـن مـوجٍ تَشَـرَّدَ في مُلاحقـةِ النـوارسِ
والصواري في أغاني الماءِ
لا يُبقي من الذكرىٰ سوىٰ أثرِ الرفيفِ من الفراشةِ
وانتثارِ الأغنياتِ بقلبِ طفلٍ كأنَّهُ الولدُ البريء.

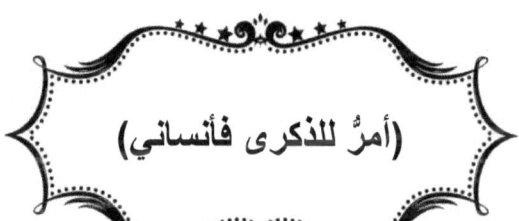

# (أمرٌّ للذكرى فأنساني)

لم أنأَ عن حُلمي

ولم أَنسَ ارتحاليَ في أغاني الماء ... لم أَخُنِ النُّبوءَةَ

سِرتُ من وَجَعٍ إلىٰ جُرحٍ ومن رُؤيا إلىٰ أُخرىٰ لأعبُرَ

للصَدىٰ واسمي هُناك

رأيتُ ما آثرتُ أن أنسَىٰ يمُرُّ علىٰ رؤايَ يردُّني لطفولةٍ أولىٰ

تراوِدُني وتَنْأَىٰ

من سَماءٍ ملءُ زُرقتِها تراتيلُ الأُساةِ العابرينَ إلىٰ مَعَارِجِها

البَعيدةِ ... وانتحابُ الياسَمين ...

مررتُ كي أنسَىٰ فحَاصَرَني التذكُّرُ

واتَّكأتُ علىٰ رؤايَ وأوَّلي ... وعلىٰ سَمَاءٍ رَاوَدَت لُغَتي

وأهدَتْنِي تراتيلَ الأساةِ وما يُسِرُّ الغيمُ من وجعٍ إلىٰ رِيحٍ

تسافرُ في مداهُ

ولم أرَ الماضي سوىٰ الغدِ في نشيدِ الحالمينَ وفي انكسارِ

المُتعَبينَ وفي صَداهُ

65

أمُـرُّ للـذكرىٰ فأنسـاني وأعبُـرُ مثـلَ أغنيـةٍ تجـيءُ مـن البعيـدِ
للامكان ...
كأنَّني حُرٌّ ومنبعِثٌ من الموتِ المُراوحِ في التذكُّرِ ... دُونَمَا
تَوقٍ إلىٰ شيءٍ ولا وجعٍ يُحاصِرني فأَجْهشُ بالغناء
لظلِّ قافيتي أسيرُ ... لما يقولُ البحرُ للَّيلِ الملازمِ حُزنه ...
ولما تُسِرُّ فراشةٌ قطعت مدىً بغنائِها لِلَّيلِ بَاكِيةً: تعِبتُ من
الرَّفِيفِ ... من الترنُّمِ بالمواجِعِ في الحُقولِ وليسَ من أحدٍ
هناكَ
رأيتُ أيامي التي عبَرت تجيءُ كأنني الولدُ الذي لم تنسَهُ
الذِّكرَىٰ ... تَفِرُّ مِن الغِيابِ إلىٰ الحَقيقةِ
سِرتُ في وجعي لبُرءٍ لا يلوحُ ... لآخَري المنشودِ في حُلمي
... لما أسرَ الكَمان
كأنَّما امرأةٌ هنا كانت أذابت في تورُّدِهَا انتِشَاءَ الأُغنياتِ ...
صهيلُها لوزٌ يناثِرُ ما يبوحُ بهِ اشتهاءٌ قاتلٌ ...

٦٦

وكأنني ما مرَّ فوقَ حريرِها فأذابَهَا ...

فبكىٰ المساءُ وكوكبان

أمُرُّ من عَدَمي إلىٰ صحوِ الحقيقةِ لا يراودُني التطلُّعُ نَحو

مَاضٍ ليس يُشبِهُهُ سوىٰ ما سوفَ يَأتي من نهاراتٍ غدًا

أو لا يُراوِدُني الحَنينُ ...

وَجَدتُ نَفسي عِندَ مِعراجِ النُّبوءةِ

ساريًا لِلَّيلِ ... أُبعَثُ من سماءٍ حَاصَرَت وَجَعِي بما نَثَرَت

عليَّ من القوافيَ كي تُحرِّرَني ... وكي تُلغي المزاولَ من

مدايَ

فتنتصر لُغَتِي علىٰ عَدَمي الضَّرير ولا تزولُ

ومن سمائي تبتدي أُسطورَتي الأُولىٰ

كبَدءِ قَصيدتي ... تمضي لرؤياها وتترُكُني صدىً لأنينِها

الأبديِّ

يذروني ... ويُبقي ما أقولُ

(أرى سمائي خلفَ رؤياها)

لا بحرَ يعبُرُ بي فيحمِلُني إلىٰ المُدُنِ المضيئةِ في الضفاف

رأيتُ نفسيَ عند خارِجِها

وأيَّامي تُلوِّحُ من سماءٍ لا تُطِلُّ بها وجوهُ الآخرينَ

وجدتُ نفسي مِلءَ هذي الريحِ

تمضي غيرَ آبهةٍ بما شاءَ المكانُ ولا الزمانُ ... أنا وحيدٌ في الجهات

بحثتُ في رُوحي عَن الوَطنِ المُغادِرِ ... لم أجِد أرضًا وأتعبني الشتات

وللسماءِ فُصُولُها ... والأرضُ خاتمةُ المنافي والمَوات

كطائرٍ أمضي لأبعدَ ما تقولُ الريحُ

أُفلِتُ من إسارِ نبوءتي

وأمُرُّ سرًّا في حكاياها مع الصَّفصافِ والليل المسافرِ خلفَ ظِلِّ الوقتِ

حتىٰ يلتقي الآنيُّ والأبديُّ فيَّ

لتبتدي أُسطُورَتِي

لا بحرَ يأتي من يديها ... تبعُدُ الذِّكرَىٰ وتَنطفِئُ الملامِحُ في غيابِ ربيعِها

تَأتي مِن النِّسيانِ ...

... أو لا بحرَ يُقبِلُ كي أرىٰ لُغتي

فتأخذني المسافةُ مِثلَ مَن يُلقي الوَدَاعَ علىٰ الحَياةِ

مِن ابتعادِ سَمَائِهِ الأولىٰ ويُمعِنُ في الغياب

أرىٰ سَمَائِي خَلفَ رُؤياها

أراني عابرًا كينونةً تنأىٰ بنفسيَ

عن حَقيقَتِها التي دَوْمًا أرادَ الآخرون

رأيتُ أيامي مَرايَا في تَكسُّرِها انعتاقي للذي خطَّت تراتيلُ الجنون

إلىٰ ارتقاءِ الريحِ أصعدُ في مدارِجِها لنثرِ الظلِّ ...

ما تركَ الغناءُ من انمحاءٍ ...

في صداهُ وفي السكون!

(وحيدًا باتجاهِ الشمس)

لأنسَىٰ بعضَ ما تركَ الغيابُ ...
ذَروتُ رؤياهَا علىٰ الأفقِ المغادِرِ ظلَّهُ ومضيتُ
مُنشَغِلًا بخِفَّةٍ ما أرىٰ حَولي
ائتلافُ حمامةٍ هدَلَتْ
حَريرُ الضَّوءِ فَوقَ الوردةِ المنسيَّةِ النَعسَىٰ علىٰ قِدَمِ السِّياجِ
وما يقولُ العابِرون
وفِتنةُ امرأةٍ تمُرُّ علىٰ الرَّصيفِ وتنثُرُ الأحلامَ عابثةً وجَذْلىٰ
ثم تَمضِي
مِثلمَا مرَّ الهواءُ كأنَّ شيئًا لا يكون
مُنشَغِلًا بخفَّةِ يوميَ العاديِّ أمضي باتجاهِ الشمسِ
أُحصِي بعضَ أزهارٍ نَمَت فوق الطريقِ ولم تُرَ
وأتابعُ الضوءَ الشفيفَ تخلَّلَ الغيماتِ ثم انداحَ فوقَ الأرضِ
لا آسَىٰ علىٰ شيءٍ وأندمُ

فِي الطريـقِ يمـرُّ أطفَـالٌ تَـراكَضَ ظِلُّهـم نَحـوَ المـدىٰ مثـلَ
الملائِكةِ الخِفافِ
وبائعو صُحُفِ الصَّباحِ ونادِلُ المقهَىٰ يرُشُّ الماءَ
ظِلُّ تَتَابُعِ الأشجَارِ فوق الأرضِ ... أغنيةٌ تجيءُ من البعيد
أنا وحيدٌ مثل موسيقىٰ الكمَنجةِ في ثناياها ...
خفيفٌ عابرٌ فوقَ الأسَىٰ ... حُرٌّ
ومُنسجِمٌ مع الأشياءِ حَوْلي
تُقبِلُ الذِّكرىٰ فأبسِمُ ثم أمضي نَاسِيًا كُلَّ التَّفَاصيلِ المُعذِّبةِ
الصغيرة إن تُناوشني
وأُفلِتُ لانعِتَاقي الحُرِّ
لم تأتِ من النسيانِ من عِطرٍ قَديمٍ إن يُلوِّن كلَّ ما لفَّ المساءَ
بعِيدِ لُقيانَا القَصيرِ
وما أَتَتْ من لمسَتي سُورَ البُحيرةِ ...
أو ملامحِ عابِري هذا الطريقِ وبعضِ ألوانِ الفَراشَةِ والحَريرِ

حُرٌّ حينَمَا أنسَىٰ ومُنعَتِقٌ من الأحزَانِ
لا ندمًا يُساوِرُني إذا لاحت لوجهي من مرايا البحرِ ...
أو بُعِثَت من الشمسِ الخفيفةِ في انتشارِ الضوءِ ...
مُنفَلِتًا من الأزهارِ في يدِها تَشَابَكُ في يديَّ
ومن حُقولِ الفُلِّ في فُستانِها عَبَقَت بأحلامِ القِطَافِ لتشتَهِي
مَطَرًا بَعِيدًا في دَمي
فغَفَت علىٰ كَتِفي ونَامَت في التورُّدِ كالربيعِ
أسيرُ كي أنسىٰ فيُتعبني تذكُّرُ ما سأنساهُ ...
ولكني أواصلُ سيريَ الحُرَّ الخفيفَ لوجهتي في اللَّامَكَانِ
مُرَدِّدًا لَحْنًا قَدِيمًا قَد أحبَّتهُ فأبكَاهَا
وأنظُرُ للحَياةِ كمَن يُطِلُّ عَلىٰ الوُجودِ مِن اقترابِ سَمَائِهِ الأُولَىٰ
وأحلُمُ أن أرَاهَا.

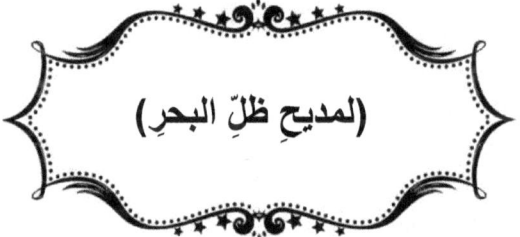

## (لمديحِ ظلّ البحرِ)

لمديحِ ظِلِّ البَّحرِ يلزمُني ارتحالٌ في أغاني الماءِ

حتىٰ أقتفِي لُغَةً تُشابهُهُ وأنثرَ من لآلِئِها انهمارَ الضوءِ

والذَّهبِ المُصفَّىٰ عابِرًا لُغَتي

ويلزمُني مِن النِّسيانِ أوَّلُهُ

ليهجرَني كَلامُ الآخرينَ

وأخرجُ من رُؤاهُم نَحوَ قَافِيتي

لهذَا البَحر ما قالت أغَاني الرِّيحِ ...

كُنْ حُرًّا ولا تَأبَه بقيدٍ مِلء نفسِكَ ...

وابدأ السفرَ الطويلَ بلا اشتهاءٍ للوصول

يمُرُ ظِلُّ البحرِ في الكلماتِ تُضحي مثل عنقاءٍ تغادِرُ موتَها

وتمُرُّ في الرؤيا كما أسطورةٌ سخِرتْ مِن الزَّمنِ المقيَّدِ في المزاولِ والفصول

وليس من حَدٍّ لرُؤيايَ التي هَجَرَت لُغات الآخرينَ ولا سماءَ لما أقول

خرجتُ من نفسي لآخَريَ المُلازِم نافيًا ظِلِّي لأبعدَ مِن وراء الشَّمسِ

مُبتعِدًا عن الصَّحراءِ ... عن رُوحي التي تسري رؤاها للينابيعِ القصيَّة للحَقيقةِ لا الطُّلول

مُسافِرًا للرِّيحِ ... مَنفيًّا مِن المُدنِ التي كذبت عليَّ

وهاربًا مما انتظرتُ وخَانَني

مِمَّا خَسِرتُ وما حَمَلتُ لهُ رُؤايَ لكي يُطهِّرني

فأودَعَني التَّحسُّرَ والأفُول

علىٰ انكِسَارَاتي وَقفتُ ... علىٰ سَمَاءٍ لا تَراني في مَعَارِجِها البعيدةِ مُفلِتًا بحقيقتي ...

لم أنتظِر أحدًا سِوَايَ لكَي أرىٰ مَا قَد رَآهُ وأقتَفِي شَبَحًا يُطارِدُني

لظِلِّ البحرِ أصعدُ ...

لارتقاءِ الرِّيحِ حَتَىٰ ألتقي نَفسي البعيدةَ في الغيابِ ...

وراءَ ما تركَ انتشارُ الريحِ من كَلِماتِ من مرُّوا على طَلَلِ الحقيقةِ

ثم أَنشدَ بعضُهم للظلِّ والنسيانِ: "لا ذِكرى هناك" وقَطَّعوا أوتَارَهُم...

تَمضِي الحَيَاةُ ولا تَرى أحَدًا من المارِّين في هذا الفضاءِ الملحميِّ

فلا الحقيقةُ تلتقي الذِّكرَى ولا النِّسيانُ صَوتٌ للغِيابِ

رأيتُ في صَحوي أَغَانِي الحُلم فاتَّكَأَت جِراحي فوقَ غَفوتِها لأحلُمَ

من هنا مَرَّ الأُسَاةُ ومن هُناك بَكَى الشُداةُ

ومن مرايا البحرِ تنتشِرُ الرؤى شمسًا فأُبصِرُ تحتَ وقدتِها قيامتيَ البعيدةَ ...

هاربٌ في ظِليَ المأسورِ من غَدِيَ المُلازِمِ

من تَراتِيلي ومِن وَجهِي المشرَّدِ في مَنَافي الأرضِ

85

مُصطَحِبًا أنايَ وآخَري المنسيِّ في شَبحِي الـذي لـم يأتِ إلا كي يمُرَّ لموتِهِ

ومُغادِرًا نَفسِي ... وَحيدًا في الجهاتِ وفي الزمان

علىٰ أُفولِ الوَقتِ أمضِي

فوقَ ما قَالَت سَمَاءٌ تَستَظِلُّ غُيومُهَا بخُلودِ زُرقَتِها لأعبُرَ برزخي وأمُرُّ

لا عَدمِي المُؤجَّلُ ينتظرني أو وجودٌ ... لا وجوهَ ولا زحامَ وآخَرين

خَرجتُ مِن نَفسِي إلىٰ نَفسِي ... ومن رُؤياي نحوَ وِلادةٍ أُولىٰ

وظلٌّ لا أراهُ كأنَّهُ يَنأىٰ بَعيدًا عن تَشَكُّلِيَ الأخير

إلىٰ سَمَائِيَ طِرتُ مُنعَتِقًا من المعنىٰ المراوغِ ...

مِن تَفَاصِيلِ المرايَا والوُجوهِ ... مِن انكِسَارَاتي

نَأيتُ عَن الحَياةِ لكي أرَانِي في حَقيقَتِها

ڽالَيْكَن اَسوَكَن.
تَخَوَتڽ دَان ڤَرَسنْڽ جَوَتَنْڽ
جَوَتَنْڽ اَكن هاڬ
وَلاو اَڤ جَادِڽ

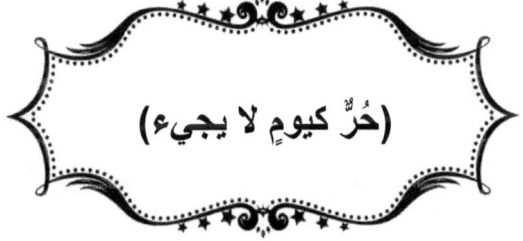

# (حُرٌّ كيومٍ لا يجيء)

حُـرٌّ كَيـومٍ لا يجـيءُ أسـيرُ فـوقَ طريقـيَ المـألوفِ مبتسـمًا
وأومِئُ واثقًا للعابرين
ولا رمادَ ولا قَرَنْفُلَ في دمي
لا شيءَ يشغلُني: الطريقُ أو الوصـولُ أو الأسىٰ ونثارُ أيـامي
وما حققتُ أو ما لم أنَل أو أرتجيهِ
كـأنَّني حُـرٌّ ومنبعـثٌ مـن العـدمِ المـراوغِ للوجـود ... نسيتُ
أسئلةَ الحياةِ وما تبدَّد من فصولٍ طالما رَكَضَـت إلىٰ مرايـاهـا
وفرَّت للهباءِ
كأنَّني حُـرٌّ أسيرُ لِلَامكـانَ وأسـأَلُ الأشياءَ عـن هـذا الصباحِ
وطعمِ أُلفَتِهِ وألوانِ الورودِ إذا رَنت للماءِ من فوق السياجِ
أمُرُّ بالصَّفصـافَ يهمسُ للحديقـةِ عـن بهاءِ الشـمسِ فوقهمـا
وينظُرُ للبعيدِ
أرَىٰ السَّـمَاءَ قريبـةً وأُصـيخُ سـمعيَ لانفـلاتِ المـاءِ في نهـرٍ
يجيءُ من التلالِ ...

أشاغبُ الشمسَ التي انتَشَرت عَلَىٰ وَجهي تُبعثِرُ دفئَها
وأعدُّ أشجارَ الرَّصيفِ ... كأنَّمَا انسَحَبَت رُؤايَ مِنَ التَّذَكُّرِ
دونَ ذاكرةٍ أمُرُّ علىٰ الأماكنِ للجهاتِ ودونما ألمٍ يراودني
التذكُّرُ أولُ الوجعِ ... الطريقُ إلىٰ انفتاحِ الجُرحِ في جسدِ
الحقيقةِ
لا أحنُّ لأيِّ شيءٍ مرَّ بي ... لا أمسَ يَشغلُني ... ولا غَدِيَ
المُخبَّأَ خلفَ تكرارٍ يشابِهُ أمسَهُ
وأنا بعيدٌ ملءَ نفسي عن هُويَّةِ كلِّ ما قد صاغني يومًا من
اسمٍ أو ملامِحَ أو مكان
لا تُومِضُ امرأةٌ بروحي ...
لا أرىٰ ليلًا أضاءَ ومرَّ في بحرينِ يحتَدِمَانِ مِثلَ البَرقِ ...
... مِن عِطرٍ خَفيفٍ غَامِضٍ تَمضي بِه امرأةٌ بِذاكِرَتي لعُريٍّ
من حَريرٍ واشتعالِ الوردةِ اللهفَىٰ علىٰ جَسَدِي لأنهلَ عِطرَها
في ليلنا السريِّ

يمضي العابرون مُسرنَمِينَ ولا أرىٰ أحدًا ولا ذكرىٰ تمُرُّ ...
من البعيدِ تجيءُ موسيقىٰ فأتبعُها وأنسىٰ وُجهَتي
أمضِي خَفيفًا نَاسِيًا مَا قَد خسِرتُ وما انتظرتُ وأولَ الليلِ الطويل ...
أرىٰ الوجودَ من الضِّفاف
كأنما النِّسيانُ بَدءٌ للحياةِ ومولدٌ حُرٌّ وأجراسٌ لموتٍ مرتجىً للحزنِ إن يأتي خفيفًا كالأشعةِ والرفيف
رأيتُ نفسي عند خارِجها فسِرتُ لِمَا رأيتُ مودِّعًا غَيبي ومُنعتِقًا وحُرًّا
عابرًا موتي الشفيف.

(كما يُنسى حنينٌ في المساء)

كما يُنسىٰ حنينٌ في المساءِ
يمُرُّ في الذِّكرىٰ علىٰ مهلٍ ويرحلُ ...
مثلما تبكي الفَراشَةُ حتفَها في أُغنياتِ الضَّوءِ والمطرِ الخفيفِ
نسيتُ أزهارَ الحُقولِ علىٰ يديها في المساءِ وآخرَ الكلماتِ...
... سِرتُ لآخَري واخْترتُ أن أنأَىٰ لأنسَىٰ
لم أجِد سَببًا ليأسِرَني الصَّدَىٰ أو أصطَفِي وَجَعِي ليعبُرَ بي إليَّ
نسيتُ ما قال الحريرُ علىٰ تورُّدِها إذا هَدَلَت
وما أبكَىٰ المَسَاءَ وراحَتيْها في يديَّ
لآخرِ اللَّيلِ الطَويلِ مَضَيْتُ مُنشَغِلًا بأشياءٍ سواها:
كَيفَ يَبدو الطَّقسُ ... أو مَاذَا يقولُ العابِرونَ
وبعضُ موسيقىٰ لموتسَارت انتحَت جُرحًا قديمًا في دَمِي

(لا أحِنُّ لشيءٍ)

لا أحِنُّ لشيءٍ

أرىٰ الأمسَ منسحِبًا في ممرٍّ طويلٍ من الليلِ ... ثم أرىٰ العابرينَ بأياميَ المُطفآتِ رمادَ وجوهٍ تمُرُّ

ولم أرَ نفسيَ مُنتشِيًا أو سَعيدًا لذكرىٰ وخاطرةٍ ترُجِفُ القلبَ ...

أو لِسَنا امرأةٍ بعثَرت كُلَّ مِشمِشِها في يديَّ ... وسار بها الليلُ حتىٰ انتِشاءاتِهِ بعدما أنفذَت عِطرَها في دمي ومَضَت

لا أحِنُّ لصُورَتِها ... كيف أهفُو لصُورةِ ما لا أرىٰ؟

لم أعِش خَاطِرًا يستَحِقُّ التحسُّرَ أو يستحقُّ التَّذَكُّرَ ...

كل الذي مرَّ فوق مراياي مرَّ علىٰ الآخرينَ ...

الأسىٰ في تجبُّرِهِ ... والسعادةُ حين تُراوغُ مُغويةً مثل أُنثىٰ تهيِّئُ فتنتها ثم تُفلِتُ هاربةً

والتَّساؤُلُ منتصفَ العمرِ: هل عِشتُ ما مرَّ من سَنَواتٍ كما أشتهي وأردتُ...

... أم اني ظـلُّ النبـوءةِ لا دورَ لـي غيـرَ إنفـاذِ مـا قـد رأَتْ

فانتهيتُ إلىٰ واقعي المتشابِهِ والعابِرين؟

يُعيدُ التذكُّرُ أسماءَ من قَد مَضَوا في رُؤايَ فلا يُومِضُ القلبُ

أو ينتشي لصَدىٰ جَرْسِهِم ...

أو يُطِلُّ الحنين

علىٰ شُرفةِ القلبِ يأتي النهارُ علىٰ رِسلِهِ ... يوقِظُ الحُزنَ في

الرُّوحِ من سَرَيانِ الأشعَّةِ

ضوءًا يُلاحقُ ظِلًّا وذِكرَىٰ تغادرُ غفوتَها تحت سَروِ الغيابِ

ولا لـونَ للوقـتِ ... مـاءٌ يمُـر علـىٰ حَجرٍ أو هُبـوبُ هـواءٍ

خفيـفٍ يُحِـسُّ الحمـامُ بِـهِ فيطيـرُ سـعيدًا إليـهِ ولا يشـعر

السائرون

ولا شكلَ للذكرياتِ تجيءُ كما النَّهرُ ينبعُ مندفعًا من أعـالي

الجبالِ ويمضي قويًّا

وشيئًا فشيئًا يخفُّ ويخفتُ حتىٰ تغيضَ المياهُ بمُنعَرَجاتِ الأماكنِ

والذكرياتُ ابنةٌ للحياةِ وسيرتُها وتشكُّلُ ما تستحيلُ إليهِ

ولا دربَ يرجعُ بي للبدايةِ حتىٰ أرىٰ ما اشتهيتُ وأحيا الـذي لـم يَجِئْ أو أُحقِّقَ أُسطورَتي

للزمانِ أقولُ: انتصرتَ علىٰ العابرينَ

الطريقُ أُحاديٌّ والسَّماءُ مُحايـدةٌ والسبيلُ الوحيدُ لقطعِك نحو الحياةِ يمُرُّ إلىٰ الموتِ مهما نأىٰ

ليس لي وردةٌ للخَلاصِ من الأَسْرِ ... أو فلَكٌ حُرٌّ كي أطيرَ لهُ

أو سَحابٌ يظلِّلُ رائحةَ العُشبِ يحنو علىٰ خُطواتي التي سابقت ظلَّها كي أفرَّ إلىٰ الريحِ منعتقًا من وجودي الثقيل

وأعبُرَ من صخرةٍ لمدىً لا يزول

ولستُ أحنُّ لشيءٍ ...

هل اخترتُ شيئًا مضىٰ لأحنَّ لهُ؟
أو بكيتُ علىٰ طَلَلٍ يحمِلُ اسمي وذكرايَ ... أم كنتُ نقشًا
علىٰ الرِّيحِ تَحمِلُني حينَ تَمضِي
فأُفلِتُ مِن قَدَرٍ نَحوَ آخَرَ يكتُبُني في تصاريفِهِ ويمُرُّ
رأيتُ الحياةَ سُطورًا من الريحِ فوق بياضٍ طويلٍ
بغيرِ تفاصيلَ تُشبهُني أو تدلُّ عليَّ
علىٰ كلماتِ الهواءِ مررتُ لنَرْجِسَةٍ لم أنَلها
لآخَرَ لم أستطع أن أكونَ اسمَهُ أو ملامِحهُ
وانتبذتُ مكاني القَصِيَّ الملائِمَ ما عشتُهُ في رُؤايَ وكَينونتي
ما اشتهيتُ من الوردِ إن لاحَ لي في جناحِ الفراشةِ
أو ما تمنَّيتُ من أغنيات
أسافرُ في آخَري الظِلِّ نحو المدىٰ الحُرِّ ... في زُرقَةٍ لا أرىٰ
ضوءَ آخِرِها
خارجًا من هَبائِي ومُنعتقًا من نَشِيجِ الأُسَاة.

(بعضُ موسيقى الحرير)

كموسيقىٰ المساءِ علىٰ يدينِ تَلاقَتَا مرَّت علىٰ ليلي
فأوجَعَني المساءُ بِسرِّهِ المأسورِ في عِطرٍ خفيفٍ غامضٍ في كفِّها ...
هي بعضُ موسيقَىٰ الحريرِ
تسيرُ فوق العُشبِ يَسحرُهُ تأوُّهُ خمسِ أزهارٍ ينمنَ بخُفِّها ...
لا شيءَ يأتي من مساءِ الوَحْشَةِ الشِّتويِّ ينأىٰ بالوحيدِ إلىٰ التذكُّرِ ... غير صورتِها التي تُحيي الحنينَ إلىٰ الحياةِ
كوردةٍ تمضي الفراشةُ في حُنوٍّ نحوَهَا ... وكبُرعمٍ يزهو لإمطارٍ يفاجِئُهُ وشمسٍ لا تغيبُ ...
ومثل حُبٍّ قد غفىٰ في بعضِ موسيقىٰ الكمانِ وفي رسائلِ عاشِقَيْنِ تَنَامُ في أدرَاجِ سِرِّهما وتنتظِرُ الحنين ...
كمثلِ ظلٍّ عابرٍ يمضي ويُمعنُ في الغيابِ وليس من أثرٍ لَـهُ إلا الهواءُ وما يُردِّدهُ السكون!
هي الحريرُ إذا ارتدىٰ جسدًا ...

تَموُّجُ غَيمتينِ علىٰ سَمَاءٍ من بياضٍ ...

شَهقةُ الليلِ المُضاءِ بعطرِها والمستحيل

ورعشةُ الجَسَدينِ إنْ أنَّ الهديل

تجيءُ من ليلٍ فتُفلِتُ خلفَ صُورتِها رؤايَ ...

وأتبعُ الحُلمَ المموسقَ نام في فُستانِها ...

تأتي فأنساني وأذكُرُها كما يهفو لحُبٍّ عاشقٌ ينسىٰ ليحيا

لم تَجِئْ إلا كموسيقىٰ المساء

كزهرةٍ في غابةٍ سِريَّةٍ تنمو

كفاتحةِ الغناء ...

وفوق أَنداءِ التذكُّرِ إن نَضَت عنها الحريرَ لتدخلَ الليلَ المُعطَّرَ باحتمالاتِ الجُنونِ ...

وبارتعاشِ الوردِ مُنهمرًا علىٰ عُشبِ الحديقةِ فوق مِشمِشها...

تجيءُ من الغيابِ إلىٰ التذكُّرِ ...

مـن تَـورُّدِ نبعِهـا السِّـريِّ في ليلـي وتَغفُـو كـالأميرةِ في أسـاطيرِ الرُّواةِ

تمُر في حُلمي فأُنسىٰ في رُؤايَ

وليس إلاَّها التذكُّرُ والحضورُ ... حقيقةُ الأشياءِ

موسيقىٰ المساء ...

مدىٰ الزهورِ تَراكضَت بَتلاتُها لِقِطافِ كفَّيها

وما همسَ الحريرُ ...

من الينابيعِ القصيةِ تُقبلُ الأنهارُ في يدِها فيُزهرُ بي الربيعُ ...

لآخِرِ الذكرىٰ يؤمِّلُني المساءُ ... لضـوءِ مُوسِـيقَىٰ ستأتي مـن بعيدٍ في شفاهٍ مِلؤُها زهرٌ خفيفٌ غامضٌ كالأُقحوان

ولست أنسىٰ غير ما شاءت نُبوءتُنا وأحلُمُ بالربيع

بعطرِ موسيقىٰ تُمرِّرُهَا يَدان.

(للمنامِ حقيقةٌ أخرى)

ما دلَّني حُلُمي علىٰ صَحوي

كما دلَّ الفراشةَ بعضُ ضوءٍ إن أشارَ إلىٰ الطريقِ

فللمَنامِ حَقِيقةٌ أخرىٰ تُؤوِّلُها الحياةُ

ولِلفَرَاشَةِ وحدَها عبءُ الوُضوحِ

ولستُ أكثرَ من رؤايَ وما يمُرُّ علىٰ تذكُّريَ الشريدِ بغفوتي

حُلمي الحقيقةُ والسَّرابُ هو الحياةُ وما عداهُ

هُوَ التَّفَاصيلُ التي لا تنتهي: اليوميُّ والعاديُّ والتَّكْرارُ

من غَيبي أُطِلُّ علىٰ الحقيقةِ ... لا أرىٰ نَفْسي القريبةَ من

وُجوهِ الآخَرينَ

ولا أراني في زِحامِ العَابِرين ... أرىٰ رُؤايَ وآخَري

وأُطِلُّ مُندهِشًا علىٰ مَوتي يجيءُ بأُلفةٍ وبخِفَّة نحوي كما فهدٌ

تخفَّىٰ في الظلالِ فلا أراهُ ...

أمُرُّ من عدمي إلىٰ كُنهِ الوجودِ إذا تجلَّت في رؤايَ حقيقتي

فأرىٰ الحياةَ كما هي لم تُشوِّشْها التفاصيلُ الكثيرةُ ... لم
تظلِّل وجهَهَا أو تُخفِهَا
وأمُرُّ مثلَ نُبوءَتي الأُولىٰ هُنا حُرًّا خَفِيفًا في مَدَايَ زَهدتُ في
ذَهبٍ تُلألئُهُ لمن رَغبتْ وأعبُرُ ظِلَّها ...
لا أُفقَ أبعدُ ... كالسياجِ غَفَت عليهِ الوردةُ التَّعبَىٰ تُطِلُّ إلىٰ
البعيدِ تئِنُّ ... يَدمعُ من تنهُّدِهَا الكَمانُ
ولا أرىٰ إلا العنادلَ في النشيدِ وما يُسِرُّ السِّنديانُ
أقولُ للدُّنيا: نسيتُكِ في التجلِّي كي أراكِ ... وكي تَلوحي في
الحقيقةِ ... مُرَّةً للصادقينَ وعَذْبَةً للآملينَ
نسيتُ نَفسِي عِندَ وَجهكِ واصطفيتُ نُبوءةً أخرىٰ سواكِ
وسِرتُ من حُلمٍ إلىٰ رُؤيا تُهاجرُ من رُؤاكِ ...
لألتقي نفسي مَضيتُ لضِفَّتي الأُخرىٰ وطِرتُ إلىٰ سماءٍ ملءُ
زُرقتِها تراتيلُ الأُساةِ علىٰ الحياةِ
ومُنشدي أحزانِها ...

من هيَّأوا أوتارَهَا لجنائِزيِّ اللَّحنِ وافترقوا كما لحنٌ يردِّدُهُ الهَباءُ

لآخَري الآتي أقولُ: أَكُنتَ تُشبهُني وتعمُقُ في رؤايَ ... تسيرُ في حُلمِي البعيدِ فلا تَراني ...

أو ترىٰ ظِلَّ النبوءةَ في دمي يَمضِي لِمَا خَطَّ الغيابُ؟

أم اننا صِنوانِ ما افترَقَا إلا ليلتقيا علىٰ مَوتٍ تُؤجِّلُهُ الحياةُ؟

أُصيخُ سمعي ... لا يُجيبُ سوىٰ الصَّدَىٰ ورُؤىً تجلَّت في سَمَاءِ نهايتي الأولىٰ فيُوجعني أَسايَ

كأنَّ أصداءَ الوجودِ قصيدةٌ مرَّت علىٰ الدُّنيا وليس بها سِوايَ

أقولُ مُنتصرًا لموتي: مُتْ وحيدًا وانأَ عن غيبي

ومُت لا تنتظرني

إنني حيٌّ وحُرٌّ لا أُصدِّقُ ما تقولُ نُبوءتي عني

وأُبعثُ من رُؤاي.

(كوردةٍ تَنسَى)

كموسِيقىٰ الغيابِ ووردةٍ تَنسىٰ تضوُّعَها انتظرتُ ولم تَجئْ
لا بحرَ يُقبِلُ من مداهُ لأن لا امرأةً تمُرُّ من الغيابِ أو التذكُّرِ
رُبَّما نَسيت تواعُدنَا ومرَّ الوقتُ وانشَغَلتْ بأشياءِ الصَّبَاحِ:
حريرُها مُتثائِبٌ فوق السَّريرِ
ولوزُها يصحو علىٰ مَهَلٍ بماءٍ دافئٍ يغفو علىٰ عُريٍ تورَّد
مِلءَ فتنتِهِ بزهرٍ كالحريرِ
وقُبلَةُ المرآةِ إن بَسَمتْ لها أو سَيرُها فوق الرُّخامِ الأبيضِ
المصقولِ حافيةً لمطبخِها
تُعدُّ صَبَاحَهَا من قَهوةٍ تَهفُو إلىٰ يَدِهَا وتنثُرُ من أنامِلِها
الشُّموسَ علىٰ المكان
يدانِ من لَوزٍ تُزيحانِ السَّتائِرَ عن ظَلامِ الصَّالةِ النَعسَىٰ
فتصحو من رُؤىٰ امرأةٍ يُداعِبُها الدلالُ
وتستريحُ الشمسُ من تَعَبٍ علىٰ نَهدٍ تعرَّىٰ نصفُهُ دون
اكتراثٍ منذ أوقَظَهُ انتشاءٌ في المنام

ترنُّحُ الثوبِ الخفيفِ إذا مَشَت ... وتثاؤبُ الكُحلِ المُذوَّبِ
حول جَفنينِ استَفَاقَا من نُعَاسٍ حالِمِ
ومُرورُها عند المَرايا أو توقُّفها هناك لكي ترىٰ ما لا يَراه
الآخَرون ... قطيفةُ الجسدِ المُعبَّأ بالثمارِ ...
وما تُسِرُّ النارُ للريحِ الشريدةِ في الصَّقيعِ
وربما أُسِرَت بمَمْلَكَةِ البهاءِ ولم تَلُح ذِكرَىٰ اللِّقاءِ أمامَ ذَاكِرةِ
القَرَنْفُلِ والعبيرِ أمام فِتنَتِها لتنساني وَحيدًا في احتِشادِ
حُضورِها ... "ستجيءُ أو قد لا تجيءُ" ...
تمُرُّ بي امرأةٌ فأبحثُ في ملامِحها الأليفةِ عن مَرايَاهَا وشَيءٍ
قَد يُشابِهُهَا فأُخفِقُ ...
مِن مَرايَا البحرِ تخرُجُ ... من سماءِ أُلوهَةٍ أولىٰ فأتبعُها
وأنساني علىٰ المقهىٰ القديمِ ...
أعُدُّ من مرُّوا أمامي في طَريق البحرِ ... والأشجارِ ... أطلبُ
قهوةً أخرىٰ وأُصغي للرِّياحِ لعلَّها تأتي بموسيقىٰ خُطاها

لا تَلوحُ ولا تمُرُّ ظلالُها

أرنُو لبحرٍ لا يُشابِهُهُ سِوَاهَا في تَمَوُّجِهِ ...

وما أسَرَت يَدَاها

تعبُرُ الشمسُ السماءَ ولا تَجيءُ ...

أُغادرُ المقهىٰ وأمضِي غيرَ مُكترِثٍ بِمَا انتظرَتهُ رُوحِي من

هَدايا الأرضِ إن تأتي ... وأنسىٰ خَيبتي والعابرين

"لعلَّها نَسِيت" أقولُ ...

وربَّما اتَّخَذَت قرارًا حاسِمًا في شأنِ قِصَّتِنا لتنسَاهَا

أو انِّيَ لم أعُد شيئًا بذاكرةِ الحريرِ فأَغفلتْ وجهي

فلا سببٌ هنالك دائمٌ ليُبرِّر النسيانَ

لا سببٌ لديها كي أراها.

(أغنيةٌ على بابِ القيامةِ)

لمْ أَنأَ عن حُلُمي

نَأتْ بي الأُغنياتُ عنِ التذكُّرِ ثم أهدَتني إلىٰ النِّسيانِ ظِلًّا للهَباءِ

وما يرَدِّدُهُ الصَدَىٰ والعابِرون

نَسيتُ أُغنِيَتي علىٰ بَابِ القِيامةِ حينَ مرَّ الوقتُ مُنتَشِرًا علىٰ أصدائِهِ الأولَىٰ كنثرِ المحوِ

والذِّكرىٰ تَعُودُ إلىٰ تشكُّلِها المُراوِدِ وردةً في الرِّيحِ

والتاريخُ نقشٌ مرَّ فوقَ الماءِ ...

يسخرُ من رُعاةِ الوَقتِ والزَّمنِ المُراوغِ في المَزاوِلِ ...

والسُّكون

رأيتُ أيامي علىٰ ريحٍ تمُرُّ فلم أَطُلها أو أنَل غَيبًا تَشكَّل في رُؤايَ

ووُجهَتي قِمَمُ الهَباءِ وما يَفيضُ من الصَّدَىٰ

مَاضٍ إلىٰ حُلمٍ يَلوحُ من الغِيابِ ويمتطي غَيمَ النُّبوءةِ كي
أكون
خَرجتُ من ظِلِّي إلىٰ نَفسي ومن عَدمي إليَّ ...
إلىٰ انعتاقي الحُرِّ من أَمسي الذي لم أَلقَهُ
ومن انكِساراتِي وحُلمي أن أرىٰ غَيبي العَصيَّ فلم يلُح
لنثارِ ما خطَّتهُ ريحُ الحظِّ أمضي ... عابرًا مُدنَ الرمادِ
وناسيًا ما عِشتُ مَنذُورًا لهُ ...
ومَواجِعي الأولىٰ هناك وما انتظرتُ وما خَسِرتُ
أَمَرَّ طيفي في ظلال الموتِ فانطَفأتْ شُمُوسٌ في مَجَرَّتِيَ
البَعيدةِ
واستُمِلتُ إلىٰ الزَّوال؟
أم انني أُقصيتُ من مَلكوتِ رُوحيَ فانتمَيتُ لآخري
ومَشَيتُ من وَجَعٍ إلىٰ ذِكرَىٰ ومِن حُزنٍ لآخرَ كي أَرَانِي
فابتَعَدْتُ عَن السَّمَاءِ

ووسِّدَت قلبي الظِّلال؟

مررتُ من رؤيايَ لي ...

ونَسيتُ نَفسِي كي أجِدهَا ... فانعتقتُ من الحُضورِ ...

من التجسُّدِ لالتقاءِ حقيقَتي الأُولَىٰ ...

وأحوالِ الوجودِ ووَجهيَ المنسيِّ في نَبعٍ قديمٍ

لم أرَ اسْمِي في سُؤال الرِّيح: هل عِشتَ الحياةَ كما أردتَ

أم انّها ارتَسَمَت هناكَ علىٰ نُبوءتِكَ الشَّريدةَ واصطفتكَ لكي

تُجسِّد ما أرادتْ ... فامتثلت؟

نهضتُ من موتي إلىٰ بعثي

ومن عَدَمي رأيتُ حقيقتي الأُخرىٰ

وأَدركتُ انعتاقي في السُّؤال.

(لِما يشبهُ الحُب)

كالأُغنياتِ علىٰ الكَمانِ بَدَا المساءُ

مُراوَدًا بالحُلمِ

تَملؤهُ التفاصيلُ الشَّفيفةُ ... عابقًا بالذكرياتِ ووَجهِها

فمَضيتُ للمَقهىٰ ... إلىٰ شَبَحي القديمِ وآخري المنسيِّ في

إحدىٰ الزَّوَايَا

لم أُسائِلْ وُجهَتي ... هل مرَّ طيفٌ من هنا ليشُدَّني بأَثيرهِ

فمضيتُ مأسورًا له دُون اختيارٍ

أَم رأيتُ بَهاءَها لفَّ المساءَ وقد تَعطَّر بارتعاشِ الفُلِّ في يَدِها

كما كانت وأَوْجَعني المساءُ؟

ذَهبتُ مُكتملَ الأناقةِ ... هِئتُ للذكرىٰ كما قد تَستحقُّ من

الزُّهاءِ ومِن مَحبَّةِ عَاشِقٍ لم يَنسَها إلا لتحيا في رُؤاهُ وقلبِه

في الدَّربِ يمضي عاشِقَانِ تَشَابَكَت أيديهِما ... تَضَعُ السَّمَاءُ

عَلَيَّ شَيئًا مِن مَرَايَاهَا فتعبُر في رؤايَ ... تجيءُ من ماضٍ

يسيرُ لهُ المُحِبَّان الهُوينَىٰ ... أستعيدُ ملامِحي وبَهاءَهَا ...

وأسير مُبتسمًا كَمَن عَرَفَ النِّهَايَةَ من مَكَانٍ مَا قَصِيٍّ مُختَفٍ في اللَّازمان.

وراءَ قِنديلٍ بعيدٍ لم يُضِئ يومًا سوىٰ من لَمسْتيها مرَّ ظلُّ غيابِها فأتىٰ بها

لكِنَّها مَرَّت كَمَا يَمضِي هَواءٌ للهواءِ ومثل أصداءٍ تغيبُ من الأغاني للسكونِ ...

ومِلءُ هذي الريحِ ما هَمَستْ به أَشياؤُها ...

عِطرٌ قديمٌ فاغِمٌ أدمنتُهُ ...

وحريرُ فستانٍ يُسِرُّ إلىٰ الهواءِ بما اشتهاهُ ولا يَبوحُ ونَورسانِ مسافرانِ...

وغابةٌ سِريَّةٌ لم تُهدِ فِتنَتَها سِوايَ

حريرُها متموِّجُ

وعبيرُ قبلتِها ينام علىٰ فَمِي بوداعِنا الليليِّ

مرَّت مِلءَ أشياء الغياب

لعلَّها تهفو إلىٰ الذِّكرىٰ كما اجتاحَت دَمي

أو تَستعيدُ مشَاهدَ الحُبِّ القديمِ فتستثيرُ دُموعَهَا ...

ولعلَّها تمضي إلىٰ التَّذكارِ شاحبةً

وتأسىٰ من فِراقٍ لم تُردهُ ولم يشأهُ ربيعُها

ولعلَّها نَسِيت بكُلِّ بَسَاطةٍ ومَضَت لِوَاقِعِها الجَديدِ

تَخفَّفت من عِبءِ حُبٍّ قد يُقيِّدها لتمضي حرَّةً عني

فلم تَأْبَه لِذِكرىٰ أو يخامِرُها اشتهاءٌ للمَسَاء

فليسَ من سَببٍ وَجيهٍ دائمًا للحُبِّ كي يُنسىٰ

إذا امرأةٌ أرادتْ أن تغيبَ فوسَّدتهُ ظلالَها.

(سَفَرٌ لمعراجِ النبوءةِ)

لم ينأَ بي حُلمي المُسافرُ عن رُؤايَ
رأيتُ نفسي عند ما أمِلَتْ وما حولي سَرابٌ والحقيقةُ في
الرُّؤىٰ وبِمَا حلُمتُ وما اشتهيتُ ولم أنَلْ
لحقيقتي أمضي فينكِرُني الأُساةُ المُشفقونَ علىٰ توهُّمِ ما
أسيرُ لهُ ...
كالغَيمِ تمضي بي النُّبُوءةُ نحو غايتِها فأُبصِرُ من مداها آخِرَ
الدُّنيا وما شاءت مُصادَفَةُ الوجودِ بأن أمُرَّ علىٰ الحياةِ ...
هي التي اختارت ليَ التَّوقيتَ والزمنَ الذي اكتمَلَت به
رُوحي لأعبُرَ في مَداها مِثلما مرَّ الصَّدَىٰ والآخَرون
ووحدَها اختارتْ ليَ اسميَ والطريقَ ...
ملامِحي وصِفاتِ ما رَغِبَتْ وشَاءَت أن أكون
لظلِّي المنسيِّ أمضي ... لاكتمالِ حقيقتي بعدَ الغيابِ
لما رأيتُ في سُدُمِ البدايات البعيدةِ وانتشاري تحتَ تابوتٍ به
وردٌ سيحيا فوق مَوْتي

بين عُشبٍ يانعٍ بزُهائِهِ اختصرَ الحقيقةَ كُلَّها

وأنـا استحَلتُ لـبعضِ أصداءٍ لأغنيـةٍ تمُـرُّ علىٰ شِـفاهِ الـريحِ

بدَّدها السُّكون

لآخَري أمضي ... لِطَيفِ حقيقةٍ أُمِّلتُها ولِسيرةٍ شخصيةٍ لـم

تنتسِب لي أو أخطَّ سُطورَها

لغدٍ يكرِّرُ نفسَهُ سِرتُ

انتظرتُ بأن أجيءَ من الحياةِ لِما أردتُ ومـا سيُمليهِ التجلِّي

ناسِجًا أُسطُورَتِي ...

انتَشَرت سَمَائِيَ فَوق أَورَادِي ... اصطَفَت لُغَتِي أنايَ وسِيرتي

كَينونتي وهُويَّتي وأنا هناك أفرُّ مـن عَـدمي إلـىٰ مـوتٍ سيعبُر

بي لأحيا إن أمُرُّ إليه من بعثي الأخير

ولا أرىٰ أرضًا هناك تُقلُّني وأنا المُعنَّىٰ في الهَجيرِ

أرَىٰ سَمَاءً خلفَ أخرىٰ تُنئِني عَني وتُبعِدُ صُورَتي عمَّـا ألفـتُ

من الملامِحِ والسماتِ

ولـيس مـن بَـرقٍ يشُـقُّ ظلامَهـا حتـىٰ أرانِـي أو أرىٰ سَـفَري

لمعراجِ النبوءةِ

مِلءُ هذا الليلِ سِرِّي لارتحالِ الريحِ في الآمادِ تعبر بي إليَّ

وللحياةِ أقولُ من غَيبي: رأيتُكِ مرَّتين وما عرفتُكِ

واشتهيتُ لو انَّ وجهَكِ لاحَ لي وعرفتُ سرَّكِ

في الغيابِ حَضرتِ كاملةً وواضحةً وزاهيةَ التفاصيل

اشتهيتُكِ في الغيابِ وما رأيتُكِ في الحضور

كوردةِ السِرِّ البَّعيدةِ ...

مثلَما حُلمٌ يَجِيءُ ولا يَجيءُ

فلا تمُرِّي الآنَ مُسرِعَةً وتنسيني علىٰ بابِ اشتهاءاتي القديمِ

فلستُ أملِكُ من رُؤاكِ سوىٰ الحنينِ لِما خسرتُ

كأنَّني في آخرِ الدُنيا وأولُها يُلوِّحُ من يديكِ لكي أعـودَ فتُبرئـي

جُرحي العميقَ وتصطفيني

139

ملءُ هذا الكون وجهُكِ والرؤىٰ وحقيقةُ الأشياءِ واسمُكِ

سرُّها

وأراكِ من عدمي ومن بَعثي إليكِ

ولا تَريني

(مايا)

مايا تُرنِّمُ طيفَ أغنيةٍ

هل انتصفَ النهارُ ومرَّتِ الأزهارُ من مايا إلىٰ جَسَدي

وقد غَفتِ الحُقولُ؟

توسَّدَت حُلمًا قَديمًا مرَّ في قلبي ونامت كالغزالةِ

فوقَ عُشبِ حريرِها فصَحَا النخيلُ

-أنمتِ يا مايا؟

(يُجيبُ الصمتُ والجسدُ الذي هَدَأت عَنادِلهُ ارتِحالًا في

دمي

وغفا الهديلُ)

يمُرُّ بحرٌ فوقَ ذاكرتي

وينأىٰ ما عَداها عن رُؤايَ

ربيعُها وتورُّدُ الأزهارِ إن عرَّت مراياها

فتشتعلُ الفصولُ

أقولُ يا مايا أنمتِ؟

فلا يُجيبُ سِوىٰ ابتِسامةِ ثَغرِها

نُحِتَت من البِلَّورِ في وجهٍ سماويٍّ يُهدهدهُ السكونُ

وليس غير صدىً يُحاصرُ ما أقولُ

أغابةٌ في زَهوِها افترشَتْ سريرًا مُورقًا

وغَفت علىٰ سُحبٍ تُهدهدُ لوزَها

وتمُرُّ في عَجلٍ علىٰ نَمَشٍ تبعثَر في البياضِ المرمريِّ

وحقلِ وردٍ ضمَّ نهديها

فأُرِّقتِ السهولُ؟

أُطِلُّ من جَسدِي علىٰ ما بَعثرَت في عَصفِها دوَّامةُ الأزهارِ

من شَبقٍ ومن حَبقٍ

وما تركَ الصهيلُ

أمرُّ في غيبي إليَّ

إلىٰ وصيَّتها علىٰ جسدي: ارتحِلْ ما شئتَ لكنيِّ الرحيلُ

علىٰ امتدادِ الضوءِ أغنيةٌ يُحاصرُها الكمانُ بهيئةِ امرأةٍ

تنامُ علىٰ مساءٍ مُتعبٍ من لوزِها

وحريرِ ساقيها

ويأسِرهُ الذهولُ

وليس من بحرٍ سوىٰ ما قد تَماوجَ في يديها

والسماءُ تعيدُ رَجْعَ هديلِ فتنتها

وتنهمرُ السُّيولُ

## المحتويات

❖ مقدمة. بقلم الأستاذ الدكتور محمد عبد المطلب ............... 5

1. لا شيء يوجعني ............................................. 29

2. بغيــــابها ............................................... 35

3. وجع المسافر ............................................. 41

4. كُلُّ ما لزِمَ الرحيلُ ..................................... 47

5. بيروت ................................................. 51

6. سأحلم ................................................. 57

7. أمرُّ للذكرىٰ فأنساني ................................. 63

8. أرىٰ سمائي خلف رؤياها ............................. 69

9. وحيدًا باتجاه الشمس .................................. 75

10. لمديحِ ظلِّ البحر .................................... 81

11. حُرٌّ كيومٍ لا يجيء ................................... 89

12. كما يُنسىٰ حنينٌ في المساء ........................... 95

13. لا أحنُّ لشيءٍ ...................................... 99

14. بعضُ موسيقىٰ الحرير ............................. 105

15. للمنامِ حقيقةٌ أخرىٰ .............................. 111

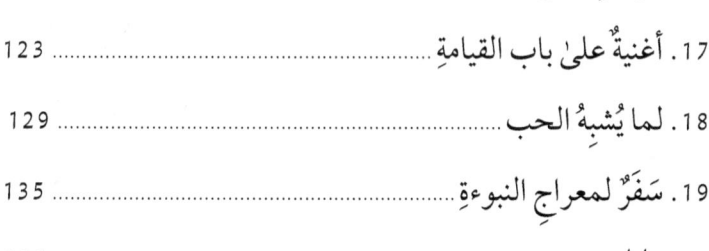

16. كوردةٍ تنسىٰ ................................................ 117

17. أغنيةٌ علىٰ باب القيامةِ .................................. 123

18. لما يُشبِهُ الحب .......................................... 129

19. سَفَرٌ لمعراجِ النبوءةِ ................................... 135

20. مايا ..................................................... 141